© 1999 - Mijade
(Namur)
© 1990 André Dahan

La première édition française de cet ouvrage
a été publiée en 1990 chez Duculot

ISBN 2-87142-208-7
D/1999/3712/39

Photogravure HTP
(Bruxelles)
Imprimé en Belgique

André Dahan

# Le chat et le poisson

Mijade